PROJET D'UN IMPOT UNIQUE

ÉTABLI EN RAISON

DU CAPITAL

ET DESTINÉ A REMPLACER TOUS LES IMPOTS

actuellement payés en France

PAR

CHARDON

Ancien Administrateur des Contributions directes,
Officier de la Légion d'honneur,
En retraite à Saulces-Monclin (Ardennes).

———o○○○○oo———

Prix : 1 fr. 50.

———o○○○○oo———

1875.

—

SE TROUVE CHEZ LES PRINCIPAUX LIBRAIRES
DU DÉPARTEMENT DES ARDENNES.

SEDAN

IMPRIMERIE DE JULES LAROCHE

22, GRANDE RUE, 22.

OBSERVATIONS PRÉLIMINAIRES

ET

RÉPONSE A QUELQUES OBJECTIONS.

J'avais fait imprimer la notice qui va suivre, non dans la vue de la livrer à la publicité, mais seulement pour la communiquer à quelques amis et à plusieurs fonctionnaires de mon ancienne administration dont je désirais recevoir les observations. J'ai lu attentivement toutes celles qui m'ont été adressées; elles se résument dans les objections ci-après :

1. Vous supprimez les douanes; c'est une perte de plus de 300 millions par an qui n'est nullement justifiée et qui ne saurait être acceptée.

2. En remplaçant tous les impôts actuels par un seul impôt, vous arriverez à des taxes individuelles énormes et dont le recouvrement présentera de sérieuses difficultés.

3. Au lieu d'asseoir votre impôt unique sur le capital, il eut été plus conforme à l'opinion générale et plus juste, semble-t-il, de l'asseoir sur le revenu.

Je réponds à ces trois objections ainsi qu'il suit :

1. Je n'ai nullement eu l'intention de supprimer les douanes. Leur produit résultant, en grande partie, de taxes sur l'entrée et la sortie des marchandises, est une affaire en quelque sorte diplomatique ou de conventions internationales dans lesquelles je n'ai jamais eu la présomption de vouloir m'immiscer en aucune manière.

La paix un jour, sans doute, supprimant les barrières entre les nations, fera tomber les taxes dont il est question; mais, alors même, les douanes seront encore nécessaires et devront être conservées comme bureaux de statistique destinés à faire connaître les grands mouvements du commerce.

2. La conversion de tous les impôts en un impôt unique, amènera certainement des cotes individuelles très-élevées; mais la suppression de toute autre taxe directe ou indirecte compensera largement l'élévation de ces cotes, sans compter les avantages moraux inexprimables qui seront la conséquence certaine de la substitution du régime proposé à celui dont j'ai dit, avec la plus profonde conviction (§ V de la notice), que quinze ou vingt ans de sa continuation suffiraient pour pervertir une nation naturellement généreuse et la rendre la plus triste, la plus immorale et la plus honteuse des nations. J'insiste surtout sur ce point. Les difficultés du recouvrement disparaîtront avec la pratique, et il sera facile d'ailleurs de les atténuer par quelques changements dans le mode de perception, en donnant, par exemple, aux contribuables et aux percepteurs la faculté de s'arranger pour convertir les plus grosses cotes en une ou plusieurs traites recouvrables dans des délais convenables.

3. Quant à l'idée de substituer le revenu au capital comme base de l'impôt, je la crois fausse et la repousse de toutes mes forces. Le capital est facile à constater par la raison surtout qu'il est ostensible et que l'expression en est homogène. Rien, au contraire, n'est dissemblable dans ses différentes parties comme ce que l'on appelle le revenu : on dit d'un ouvrier travaillant trois cents jours et gagnant trois francs par jour, qu'il se fait 900 francs de revenu; d'un employé au traitement de 200 francs par mois, qu'il a 2,400 francs de revenu; d'un marchand qui débite pour cinquante mille francs de marchandises en un an, qu'il gagne 10,000 francs, que l'on considère comme un revenu, s'il vend ses marchandises un cinquième en sus du prix d'achat; d'un propriétaire qui afferme 12,000 francs un domaine de quatre cents mille francs de valeur vénale, qu'il a 12,000 francs de revenu, etc. Or, ces chiffres, 900 francs, 2,400 francs, 10,000 francs, 12,000 francs ne sont nullement proportionnels aux facultés réelles, à la richesse des quatre personnes qui les touchent : il ne reste rien à l'ouvrier quand il a chétivement vécu lui et sa famille; il ne reste guère plus à l'employé; les avances d'intérêts, le loyer de sa boutique, le salaire des préposés à la vente, les pertes, etc., réduisent à moins de la moitié les prétendus gains du marchand; le

propriétaire seul reçoit net le prix de son fermage qui ne s'élève guère, en réalité, qu'au quart des produits de la terre que, par une faveur exceptionnelle pour lui, on réduit au net, tandis que pour les trois autres on appelle revenu leur recette brute.

L'impôt ne saurait être, cela est de toute évidence, équitablement établi sur des chiffres présentant entre eux de pareilles dissemblances. Mais ne pourrait-on pas, dira-t-on, réduire au net, comme on le fait des produits de la terre, pour la contribution foncière, les salaires, appointements, gains ci-dessus mentionnés, et les rendre ainsi des bases équitables de l'impôt? Cette réduction serait une opération compliquée, bien plus difficile que l'évaluation du capital; et c'est cette difficulté qui a, probablement, suggéré l'idée bizarre autant que fausse et dont je ne pense pas qu'on ait à s'applaudir, de substituer, dans différentes circonstances, des signes à la matière imposable, au lieu de la constater elle-même, simplement et telle qu'elle se présente.

Quant aux critiques sur le fond même de ma notice, elles se réduisent au mot vague d'utopie que je ne croyais plus d'usage. On n'a rien dit, absolument rien, sur la justice des propositions qu'elle renferme. Je conçois, aussi bien que personne, la difficulté de leur réalisation; mais une difficulté ne suffit pas pour écarter ce qui est véritablement juste. Je persiste donc dans mes propositions, et, après les avoir soumises aux observations et aux critiques, je me décide à les publier.

NOTICE

sur la nécessité de remplacer tous les impôts actuellement payés en France, par
un impôt unique établi en raison du
capital, c'est-à-dire proportionnellement
à la fortune de chacun.

I

Je suis vieux. J'ai passé presque toute ma vie dans
l'administration des contributions directes, et j'y ai été,
souvent, chargé d'affaires difficiles. Cela m'a fait réfléchir
sur un grand nombre de questions relatives aux impôts ;
j'en suis venu à penser que notre système financier, en
ce qui concerne les contributions, est très-défectueux,
et qu'il y a nécessité, sous peine de le voir prochainement
s'écrouler, je ne dirai pas de l'améliorer, mais de le
transformer complétement.

Prêt à terminer ma carrière, je ne puis, au risque de
me faire accuser de folle rêverie ou de ridicule présomption, résister à la tentation qui m'obsède d'exposer mes
idées sur ce sujet. Je me décide à les publier ; si elles ne
produisent aucun effet, elles resteront au moins comme
un souvenir auquel se reporteront, je l'espère, avec in-
dulgence et quelque plaisir, mes enfants et mes amis.

II

Je dois d'abord combattre trois préjugés majeurs qui me paraissent égarer la plupart des hommes qui s'occupent de nos finances.

Le premier, c'est l'espèce d'admiration, d'engouement, dont on se montre épris pour les emprunts. Leur emploi, surtout quand il est immodéré, est, à mes yeux, une calamité bien plus qu'un bienfait.

Le second, c'est l'exagération, malheureusement non exempte d'hypocrisie, des plaintes que l'on fait entendre sur les charges de la propriété foncière; c'est l'obstination insensée que l'on met à vouloir l'affranchir de toute participation aux augmentations d'impôts que nos malheurs mettent le Gouvernement dans la triste nécessité de demander à la France.

Le troisième, est la préférence que l'on donne aux contributions indirectes, aux impôts sur les consommations, pour remplir les vides du budget.

III

Le résultat final des emprunts est d'augmenter la fortune des plus riches au détriment du bien-être des plus pauvres, puisque ce sont ces derniers qui supportent principalement les contributions indirectes auxquelles on a recours, de préférence, pour assurer le service des emprunts.

Pour les faire réussir on est obligé d'offrir aux prêteurs un intérêt dépassant le taux normal des placements ordinaires. La rente revient ensuite à ce taux, j'en conviens, mais les prêteurs ne continuent pas moins à toucher l'intérêt promis et l'élévation des cours leur permet bientôt de réaliser de grands bénéfices et d'accroître ainsi, de beaucoup, leur capital acquis, leur fortune : les folies, les guerres, les catastrophes que la France a souffertes ont singulièrement enrichi les prêteurs depuis une cinquantaine d'années. Ils ne s'y attendaient pas, cela n'a point été l'objet d'un calcul égoïste de leur part, dira-t-on? Soit. Mais maintenant l'expérience a parlé; aussi voit-on le succès presque effrayant des emprunts! Et, quand on y réfléchit, on se sent, malgré soi, porté à craindre que les prêteurs, que leur fortune place, naturellement, à la tête de la société, ne viennent, si non à désirer les calamités qui les enrichissent, au moins à se montrer très-peu favorables à l'adoption des mesures qu'il serait utile et juste de prendre pour prévenir ces calamités.

IV

La contribution foncière a été, depuis sa création jusqu'en 1821, l'objet de nombreux dégrèvements partiels ou généraux. On disait alors, lorsqu'il fallait fournir de nouvelles ressources au budget et, par conséquent, demander à l'impôt : ménageons la propriété foncière, laissons-la en réserve pour y recourir dans les temps plus difficiles encore, lorsqu'il ne serait pas possible de demander aux contributions indirectes, sans les pressurer par trop, tout ce qui serait nécessaire aux besoins de l'Etat. Les temps difficiles sont arrivés ; on n'a plus songé à la réserve. Bien au contraire ; en 1850 on a supprimé sur la contribution foncière les centimes additionnels généraux sans affectation spéciale que l'on a maintenus sur les autres contributions directes, oubliant que le principal motif de la création de ces centimes avait été de faire entrer avec les autres dépenses publiques, dans le budget général de l'Etat, les frais du recouvrement de l'impôt que l'on ajoutait, avant cela, aux rôles particuliers de chaque commune, et dont les comptables faisaient la retenue par eux-mêmes. Il s'en suit que les propriétaires se trouvent maintenant des contribuables privilégiés qui ne prennent pas même part aux frais du recouvrement de la contribution foncière. La suppression des centimes additionnels généraux sur cette contribution a fait perdre au trésor 700 millions depuis 25 ans.

Pendant que la propriété foncière était gratifiée de ces avantages, elle triplait, au moins, en valeur vénale et en valeur locative. On en trouverait la preuve irrécusable, si l'on voulait prendre la peine de comparer, pour les mêmes fermes ou domaines, les prix de vente et de location actuels, avec ceux qui ont été relevés il y a quarante ou cinquante ans. Cependant aujourd'hui encore il est question d'ajouter des centimes additionnels au profit de l'Etat à la contribution personnelle et mobilière et à celle des portes et fenêtres, et d'en laisser la contribution foncière affranchie.

Cela est d'autant plus étonnant que, si l'on descend au fond des choses, on trouve que la contribution foncière, loin d'être trop lourde, n'existe pas même; qu'elle n'est pour ainsi dire qu'une illusion. Les propriétaires actuels paraissent la supporter, mais, en réalité, ils en sont affranchis. Qu'il me soit permis d'invoquer à l'appui de cette assertion, le témoignage d'un savant, M. le comte Destutt de Tracy. On lit dans son commentaire sur le livre de l'Esprit des lois de Montesquieu, chapitre XIII, ce qui suit :

« Pour l'impôt sur les terres, il est évident que c'est
« celui qui possède la terre, au moment où l'on établit
« la taxe, qui la paye réellement sans pouvoir la reporter
« sur personne. » . . . .
. . . . , ...

« La preuve en est que si une terre de cinq mille francs
« de revenu net vaut cent mille francs, le lendemain du
« jour où on l'aura chargée d'un impôt perpétuel du
« cinquième, on n'en trouvera, toutes choses égales
« d'ailleurs, que quatre-vingt mille francs, si on la met
« en vente; elle ne sera de même comptée que pour qua-
« tre-vingt mille francs dans l'actif d'une succession qui
« contiendra d'autres valeurs qui n'auront point changé.»
. . . .
. . . .

« Il suit de là que quand toutes les terres ont changé
« de mains depuis l'établissement de l'impôt, *il n'est plus*
« *réellement payé par personne.* Les acquéreurs n'ayant ac-
« quis que ce qui restait, ils n'ont rien perdu; les héri-
« tiers n'ayant recueilli que ce qu'ils ont trouvé, le sur-
« plus est pour eux comme si leur prédécesseur l'avait
« dépensé ou perdu, comme effectivement il l'a perdu. »

« Il suit de là encore que quand l'Etat renonce, en tout
« ou en partie, à un impôt territorial anciennement établi
« à perpétuité, il fait, purement et simplement, présent
« aux propriétaires actuels, du capital du revenu qu'il
« cesse de percevoir. C'est à leur égard un don absolu-
« ment gratuit, auquel ils n'ont pas plus de droit que
« tout autre citoyen; car aucun d'eux n'avait compté sur
« ce capital dans les transactions par lesquelles il est
« devenu propriétaire. »

Quelque chose de semblable s'opère quand, au lieu de supprimer une partie de la contribution foncière, l'Etat se borne à dispenser les propriétaires de prendre part à des augmentations d'impôts qu'il est obligé de demander aux autres contribuables. Les propriétaires dont la fortune immobilière s'élève à près des deux tiers de toute la fortune de la France, reçoivent alors une faveur égale à la taxe additionnelle dont tous les autres sont frappés. Cela est injuste et du plus mauvais effet; car les multitudes, tout ignorantes qu'elles sont, finissent toujours par sentir qu'on les opprime et par taxer d'hypocrisie les raisons qu'on essaie de leur donner pour s'excuser. Ce sentiment est douloureux et gros de malheurs pour l'avenir. Il est la cause principale de la division des classes et de l'inimitié, trop souvent réciproque, des pauvres et des riches. Loin de l'exciter il faudrait tout faire pour le prévenir ou l'éteindre. Or, je crois que la réforme, objet de la présente notice, contribuerait beaucoup à ce résultat.

V

Quant à la faveur dont l'impôt sur les consommations jouit dans l'esprit des financiers elle est, pour moi, véritablement inconcevable.

Cet impôt, qui fait contribuer les citoyens en raison de leurs besoins et non de leur richesse, frappe beaucoup plus lourdement sur les pauvres que sur les riches; pour ceux-ci mêmes il est absolument contraire aux lois de l'égalité proportionnelle et, par conséquent, il en blesse aussi un grand nombre. Un exemple va le faire sentir : supposons deux hommes riches de cinquante mille francs de rente chacun; l'un qui a l'habitude des sentiments généreux, comprenant qu'il est honnête de rendre à la société, par ses dépenses, une partie des revenus dont sa protection nous garantit la jouissance, dépense quarante mille francs chaque année. L'autre, un peu serré et animé de ce qu'il appelle la vertu d'économie, ne dépense que dix mille francs; il ne paie, par l'impôt sur les consommations, que le quart de ce que paie le premier, et cependant il lui reste, s'ajoutant à son capital acquis, à sa richesse, une somme quatre fois plus grande que celle restant au premier. Cela, certainement, n'est pas juste. On fera observer que les deux propriétaires étaient libres, qu'ils ont dépensé ce qu'ils ont voulu et que l'impôt a, en conséquence, été pour eux en quelque sorte volontaire; que ni l'un ni l'autre n'a donc le droit de se plaindre. Je ne dirai pas non; cependant on conviendra que, autrement établi, l'impôt aurait pu paraître et être en effet plus équitable et plus moral. Mais si la liberté de la dépense excuse ici l'inégalité des taxes, il n'en est plus de même quand il s'agit du pauvre ne possédant que le strict nécessaire et dont la loi attaque la vie même, en le forçant à se restreindre sur l'usage des choses indispensables à une nourriture saine et suffisante.

L'impôt sur les denrées diminue donc la consommation, entrave la circulation et rétrécit la base la plus essentielle du commerce qu'il faudrait, au contraire, développer.

Il excite à la fraude; il fait naître la contrebande; il donne aux marchands l'occasion de fausser le prix des marchandises en ajoutant, toujours d'une manière occulte, quelque chose aux taxes dont la loi les a frappées et les excite ainsi à porter atteinte à la grande loi économique du règlement des valeurs par une concurrence avouable et résultant uniquement du salutaire et libre concours de l'offre et de la demande.

Il entraîne des répressions qui minent le respect dû à la loi, en faisant souvent absoudre par l'opinion ceux qui l'ont violée.

Il fait plus de mal encore. Il donne aux méchants la possibilité d'exercer, par la dénonciation, des vengeances ignobles. Je ne connais pas, je le dis avec un profond chagrin, un village, un hameau dans lequel on ne pourrait citer des exemples des faits que je viens de signaler. Quinze ou vingt ans du régime qui les provoque suffiraient pour pervertir une nation naturellement généreuse et la rendre la plus triste, la plus immorale et la plus honteuse des nations.

VI

On ne peut échapper à un tel malheur, c'est ma profonde conviction, que par une réforme complète et radicale de notre système d'impôts.

M. Menier, dans un livre très-remarquable (Théorie et application de l'impôt sur le capital), vient de démontrer scientifiquement, et de la manière la plus claire, que notre salut est dans le remplacement de tous nos impôts par un impôt unique sur le capital.

J'ai longtemps aussi nourri cette idée ; cependant je me sens tout honteux d'en parler après avoir lu le livre de M. Menier qui traite le sujet bien plus complétement et bien mieux que je ne suis capable de le faire. Quoiqu'il en soit, mon plan, plus absolu et plus radical que le plan de M. Menier, me paraissant être d'une exécution praticable immédiatement, ce que je regarde comme de la plus haute importance, par la raison qu'il n'y aurait peut-être plus de remède possible au régime actuel si on laissait arriver une catastrophe financière avant de l'avoir remplacé, je vais en faire un exposé rapide et précisé dans une formule de projet de loi. Je m'abstiendrai, bien entendu, de répéter les démonstrations si bien faites dans le livre de M. Menier. Je n'en redirai qu'un mot ; c'est que l'évaluation du capital est plus facile à faire que celle du revenu. J'ai toujours regretté que le cadastre n'eût pas pris pour base de ses estimations la valeur vénale des propriétés au lieu du revenu ; les estimateurs se seraient moins souvent trompés et le public aurait plus facilement apprécié leur travail.

Comme M. Menier j'impose les capitaux fixes ostensibles ; — « le sol, les constructions, les machines, les « outillages, les navires, les voitures, les animaux ser- « vant à l'exploitation, les ustensiles de ménage, les « meubles, les objets d'art, lorsqu'ils ne sont pas à l'état « de marchandises destinées au commerce. »

J'ajoute les offices (offices d'agents de change, de courtiers, de notaires, d'avoués, de greffiers, d'huissiers, etc.,) dont M. Menier ne parle pas ; et, de plus, les professions et états, même l'état de simple existence, considérés comme fonds. L'évaluation en sera faite par comparaison avec les offices. La valeur vénale de quelques offices étant connue dans toutes les communes, il sera facile d'estimer proportionnellement les professions ordinaires, par exemple celle d'un marchand, d'un médecin, d'un artisan et même l'état d'existence d'un indigent. Il sera attribué à l'inscription au rôle et au paiement de l'impôt des droits et des avantages dont personne ne doit être exclu ; il est donc nécessaire d'imposer tout le monde, même les indigents. C'est d'ailleurs une conséquence de la généralité de l'impôt, et cette généralité, un de ses titres les plus précieux, ne doit être affaiblie en aucune manière. Il va de soi, qu'il sera fait distraction dans l'évaluation des offices et professions assimilées, de tous les moyens matériels de production faisant déjà partie des capitaux ostensibles.

Les cotes irrecouvrables, — et il y en aura tant que les contribuables n'auront pas compris, partout, leur intérêt à être imposés et à acquitter exactement l'impôt,—seront passées en dégrèvement d'après des états dressés par les percepteurs. Ceci achève de détruire toute objection contre l'imposition des indigents. Ces dégrèvements, de même que les décharges et réductions prononcées par suite des réclamations individuelles, seront réimposés (voir l'article 6 du projet de loi), dans des conditions qui donneront, dans une certaine mesure, à l'impôt unique, assis comme impôt de quotité, le caractère et le correctif de l'impôt de répartition.

VII

L'on ne fera point entrer dans le rôle public les valeurs consistant en monnaie, créances, billets, coupons de rente, titres et papiers de toute espèce. Ces valeurs étant inostensibles ne sauraient être recherchées sans des mesures vexatoires ou inquisitoriales qu'il est impossible de proposer. On les atteindra cependant, mais indirectement. Il suffira pour cela d'autoriser tout débiteur à retenir à son créancier, au moment où il voudra se libérer, une somme proportionnelle à la quotité de l'impôt unique (voir l'article 12 du projet de loi). Les débiteurs et les créanciers, se connaissant parfaitement, la retenue se fera pour ainsi dire toute seule ; et, dans tous les cas, sans inquisition et sans intervention du Gouvernement.

Cette retenue réalise aussi, naturellement et de la manière la plus simple, un fait très-important et que M. Menier, malgré lui, sans doute, a été obligé d'écarter; c'est de ne faire contribuer les propriétaires de capitaux ostensibles que pour leur actif, déduction faite du passif. Il est bien évident, en effet, que si le propriétaire d'une terre de cent mille francs, imposé pour ce chiffre, a sa propriété grevée d'une dette de cinquante mille francs, la faculté que la loi lui donnerait de retenir à son créancier, sur cette dette, une somme proportionnelle à la quotité de l'impôt unique, le mettrait dans le même état que s'il n'avait été imposé que pour son actif, déduction faite du passif, c'est-à-dire pour cinquante mille francs. Toutes les dispositions d'une bonne loi s'enchaînent et contribuent également au but de la loi, la justice.

On objectera que certains débiteurs n'auront peut-être pas placé sur des capitaux ostensibles imposables l'argent qu'ils ont emprunté et que la retenue qu'ils feront à leurs créanciers sera pour eux une faveur toute gratuite. Le cas peut se présenter; mais il doit être rare, et fût-il fréquent, que je m'en inquiéterais peu. Les dettes sont un embarras majeur dans la vie des sociétés. Or, soulager un peu les débiteurs équivaut à une espèce de graissage qui ne peut que faciliter la marche du char social.

On dira encore que les prêteurs deviendront plus exigeants et que, pour l'avenir, la condition des emprunteurs subira une aggravation qui fera disparaître pour eux le bénéfice de la retenue; je n'en crois rien; car cette retenue étant établie au profit de toutes les classes de débiteurs, Etat, départements, communes, compagnies, etc., la réduction générale des intérêts qu'ils servaient, contre-balancera nécessairement la tendance des prêteurs à augmenter le taux de leurs placements. *La généralité de la mesure* place évidemment les particuliers prêteurs et emprunteurs sous l'empire d'un équilibre de l'offre et de la demande aussi parfait que possible, et qui assure dès lors la justice dans les transactions.

VIII

Il reste maintenant à apprécier l'étendue de la matière imposable.

J'ai possédé de nombreux documents à ce sujet et j'en ai tiré, autrefois, avec le plus grand soin, toutes les déductions qui m'ont paru possibles. Mon travail a dû disparaître dans l'incendie du ministère des finances. Quelques notes que j'avais emportées avec moi ont elles-mêmes été perdues pendant l'occupation militaire. Je suis donc dépourvu de tout renseignement susceptible d'être certifié. Néanmoins, je crois, en consultant mes souvenirs, ne pas m'écarter beaucoup de la vérité en évaluant à 235 milliards, au plus bas prix, la somme des capitaux ostensibles que je considère comme imposables.

Ce chiffre se divise ainsi qu'il suit :

1. **Propriété foncière :** terres, bâtiments, chemins de fer.. 150 milliards.

2. **Matériel de l'exploitation agricole**, y compris les bâtiments ruraux, granges, écuries, etc. On l'évalue ordinairement au tiers de la propriété, ce qui donnerait 50 milliards, mais, par modération, je ne porte l'évaluation qu'à 30 %, soit . . . . 45 milliards.

3. **Matériel des exploitations commerciales et industrielles** : métiers, machines, rayons, comptoirs, tables, etc. (les habitations, les usines, les boutiques et les magasins sont compris dans le 1er article) 12   id.

4. **Mobiliers d'habitation**, y compris les objets d'art 13   id.

5. **Offices et professions assimilées**, 35 milliards; mais ces fonds n'étant pas permanents, comme ceux qui font l'objet des quatre premiers articles, je réduis le chiffre à 15   id.

La réduction pourrait être contestée par la raison que l'impôt cessant avec la matière imposable, il semblerait qu'il n'y a point à se préoccuper de la durée de celle-ci. Néanmoins la plupart des personnes que j'ai consultées étant d'avis de la réduction, j'ai cédé à leur opinion. Je reviendrais sans beaucoup de répugnance à l'opinion contraire.

Total de la valeur des capitaux ostensibles . . . . 235 milliards.

IX

En imposant les possesseurs à raison du centième de la valeur très-modérée de leurs capitaux ostensibles, on obtiendrait un produit de deux milliards trois cent cinquante millions. En retranchant certaines indemnités que je verrais, avec plaisir, accorder aux contribuables dans les cas de sinistres, incendies, grêles, etc. Ce produit descendrait à deux milliards deux cents millions.

Eu égard aux réductions que subiraient les dépenses publiques par la suppression d'un grand nombre d'emplois qui deviendraient inutiles, et par les retenues que l'Etat, les départements et les communes auraient à exercer comme débiteurs d'après les principes ci-dessus établis (§ VII), cette somme, deux milliards deux cents millions, semble devoir suffire pour tous les besoins du budget.

Le taux de l'impôt paraît donc pouvoir être fixé au centième. Mais quand cette quotité serait insuffisante, les avantages de l'impôt unique sur le capital sont si grands que je n'hésiterais pas, s'il le fallait, à l'élever de 1, 2 ou 3 pour mille : 13 pour mille au lieu du centième, produiraient net plus de trois milliards. Si l'on attendait pour établir l'impôt unique que le budget se fût élevé à trois ou à quatre milliards, il faudrait porter le taux de l'impôt à près de un et demi pour cent du capital et l'on n'oserait peut-être se décider à le faire, bien que ce fût encore le seul moyen de salut. Voilà pourquoi j'ai dit plus haut, § VI, qu'un point important de la transformation de l'impôt était la réalisation immédiate de la mesure : cette réalisation aménerait tout de suite des économies qui préviendraient la nécessité de trop élever le taux des taxes.

En admettant que le revenu net de la propriété soit de 3 à 4 p. % de la valeur vénale et que la contribution foncière soit du dixième du revenu net, on trouvera que l'impôt unique sur le capital reviendra à 2 fois 85/100 la contribution, au taux de 1 p. % ; à 3 fois 14/100, au taux de 1, 1 p. % ou 11 pour 1,000 ; à 3 fois 42/100, au taux de 1, 2 p. % ou 12 pour 1,000 ; à 3 fois 71/100, au taux de 1, 3 p. % ou 13 pour mille. Cela ne sera pas trop lourd pour les propriétaires possédant moins de trois cent à quatre cent mille francs de fortune, parce que les diminutions qu'ils recevront par suite de la suppression de tous les autres impôts couvrira et au-delà l'augmentation de leur contribution foncière. La compensation ne sera peut-être pas parfaite pour les propriétaires plus riches qui ne pouvaient guère prendre dans les taxes sur les objets de consommation une charge proportionnelle à leur grande fortune. Mais vraiment le malheur n'est pas grand. Ces comparaisons ne sauraient d'ailleurs fournir aucune objection solide contre l'impôt unique sur le capital, si cet impôt ne fait contribuer chacun, quelle que soit la somme qu'il lui demande, que dans la proportion exacte de sa fortune. Or, c'est ce qui vient, ce me semble, d'être démontré.

X

L'évaluation des capitaux ostensibles que l'on oppose comme une difficulté insurmontable, se fera, j'en suis convaincu, bien plus facilement qu'on ne le pense. Je n'y ferais pas procéder, ainsi que le propose M. Menier, ni par une commission cantonale composée du conseiller général, du conseiller d'arrondissement, de membres du comice agricole,…; que sais-je? du juge de paix, fonctionnaire très-méritant, très-honorable, très-capable assurément, mais pourtant que l'on prend un peu trop l'habitude, depuis une trentaine d'années, de mettre, qu'on me passe l'expression, à toutes sauces; — ni par un jury comme en matière d'expropriation. Cela est trop compliqué. Toutes ces assemblées, qui ne se réunissent que pour l'apparat, n'ont jamais rien fait de suivi, de complet, ni de bon. Je ferais tout simplement procéder à l'évaluation des valeurs imposables par un corps peu nombreux de répartiteurs communaux pour la composition duquel on prendrait seulement quelques précautions faciles et que l'expérience a déjà indiquées. On pourrait dans les villes avoir des répartiteurs par arrondissement ou par quartier. J'ai durant ma longue carrière opéré dans un grand nombre de communes situées dans des départements différents, et toujours j'ai obtenu des répartiteurs communaux une bonne volonté et un concours parfaits qui ont assuré partout le succès d'opérations aussi difficiles que l'évaluation des capitaux ostensibles. L'arbitraire, dont on se fait un monstre, n'est pas aussi redoutable qu'on l'imagine. Une évaluation confiée à ce qu'on appelle l'arbitraire des répartiteurs ne serait inquiétante que si elle était inquisitoriale et portait sur un objet vague et indéterminé, comme, par exemple, dans des questions comme celles-ci : Cet homme est-il riche ou est-il pauvre? est-il bien riche ou bien pauvre? Quand on précise, quand on demande aux répartiteurs d'évaluer tel objet désigné et ostensible de la fortune d'un citoyen, objet dont les similaires existent en grand nombre dans la commune ou dans les communes voisines, l'arbitraire n'est plus dangereux; c'est plutôt une espèce d'arbitrage. Toutes les opérations cadastrales, moins l'arpentage, comportaient un arbitraire semblable, et cependant le cadastre s'est facilement exécuté partout.

XI

Les résultats de l'impôt unique sur le capital doivent être si prodigieux qu'on ne peut pas y croire sans les avoir vus ! Qu'on me pardonne donc, après m'être efforcé de les démontrer, d'essayer encore de les faire toucher dans le court résumé qui va suivre.

Tous les impôts actuels étant supprimés, on n'aura plus à payer rien de ce que je vais indiquer :

1. Droits de timbre. (Si des papiers particuliers étaient jugés nécessaires pour l'uniformité et la régularité des actes, le coût en serait réglé au simple prix de revient).

2. Droits d'enregistrement pour les acquisitions, les échanges, les partages, les successions, etc.

3. Droits de fabrication, de circulation et de consommation sur les boissons : bières, cidres, vins, eaux-de-vie, liqueurs, etc.

4. Droits sur le sel, le tabac, les sucres, les cafés, la chicorée,..... même les allumettes, etc.

5. Droits sur les transports des personnes et des choses, en tant que ces droits excèdent la rétribution naturelle ou le juste salaire de ceux qui effectuent les transports, particuliers ou compagnies.

Il n'y aura plus de ces ruses mercantiles que le vendeur emploie pour augmenter, doubler, tripler quelquefois, les droits maintenant imposés sur les marchandises ; plus de contrebande, ni de fraudes, ni de répressions, ni d'amendes ; ni de cause à ces malheureuses dénonciations qui jettent tant d'inimitiés parmi les citoyens.

On n'aura plus besoin de faire des déclarations, de prendre des passavants, des acquits, des congés, etc.

Chacun jouira, non pas d'une vaine liberté théorique, mais de la somme de toutes les libertés naturelles, réelles et pratiques qui doivent être l'apanage de l'homme indépendant.

La simplicité de l'impôt, sa généralité, sa justice absolue, puisqu'il sera évidemment proportionnel à la fortune de chacun, le rendront parfaitement tolérable et le mettront à l'abri de toutes plaintes raisonnables.

A ces avantages il faut joindre : la simplification de l'administration ; la destruction ou au moins le grand amoindrissement de ce que l'on a appelé, non sans quelque raison, la lèpre du *fonctionnarisme;* le rehaussement des conseils administratifs qui, plus sérieusement occupés de leurs véritables fonctions, en sentiront mieux l'importance, s'y attacheront davantage et perdront par là, petit à petit, la tendance qu'ils avaient à s'ingérer dans les superfluités de la politique.

Tout cela fera naître ou plutôt réveillera dans les cœurs les sentiments de justice, de loyauté, de désintéressement, d'union, d'enthousiasme qui nourrissent la morale et amènent le bien. Les causes du mal étant supprimées, on peut espérer qu'il ne sera plus qu'une rare exception dans la société.

Comme en toutes choses, les débuts pourront bien être accompagnés de quelques difficultés ; mais avec du courage et de la persévérance, on les vaincra, et après un ou deux ans de pratique, le nouveau système fonctionnera facilement; tout le monde en comprendra les bienfaits; ces bienfaits parleront d'eux-mêmes et ne tarderont pas à être connus au dehors; les autres peuples seront étonnés de la liberté et du bonheur de la France; ils l'admireront et voudront l'imiter; l'hostilité que quelques-uns pouvaient conserver contre nous s'effacera; les dispositions à la guerre s'éteindront, car on ne veut et on ne peut pas exterminer ceux qu'on admire; les armées inutiles disparaîtront; le régime de la paix générale sera fondé, et, en se sauvant, la France aura aussi sauvé les autres, par la loi divine de l'universelle solidarité. Pauvre France, maintenant si triste! elle aura repris alors la sublimité du rôle qu'elle s'était crue appelée à remplir. Comme nation, on ne l'appellera peut-être plus la victorieuse, la grande, la glorieuse,.... mais on l'appellera *la Sainte.*

Sancta salvatrix gentium !

Je précise ce que je viens d'exposer dans le projet de loi suivant. J'ai mis quelques notes en regard des articles; j'y ai même répété plusieurs observations de la notice. Cela m'a paru utile pour ceux qui, n'ayant point de temps à perdre, voudraient lire le projet sans avoir pris connaissance de la notice.

OBSERVATIONS.

Dans ma pensée cet article comprend la suppression des octrois. C'est une question que l'on a souvent agitée sans pouvoir la résoudre ; elle recevra facilement sa solution avec l'impôt unique sur le capital. Cet impôt embrassant la totalité des capitaux ostensibles, les conseils municipaux pourront, sans difficultés et sans injustice, voter tous les centimes additionnels nécessaires, attendu que ces centimes atteindront tout le monde et chacun proportionnellement à sa fortune.

L'impôt conférant des droits souvent plus importants que les charges qui en découlent (articles 12 et 13), il faut que chacun puisse jouir de ces droits, il est nécessaire, par conséquent, d'imposer tout le monde, même les indigents.

L'exemption découlait naturellement de l'énonciation *capitaux ostensibles* faite au commencement de l'article. On a cru, néanmoins, qu'il était bon de la faire ressortir d'une manière plus expresse.

On avait pensé à indiquer d'autres immunités : desséchements, plantations, etc. Mais cela exigerait des déclarations et causerait beaucoup d'embarras. Cela nuirait aussi à la simplicité de l'impôt sans produire, en définitive, aucun avantage sensible pour les propriétaires ; la preuve en est que presque tous ont négligé de faire les déclarations semblables qu'exigeait la loi sur la contribution foncière.

PROJET DE LOI.

ARTICLE PREMIER.

Les contributions et taxes de toute nature perçues, comme impôt, au profit de l'Etat, des départements et des communes, à l'exception des taxes postales et télégraphiques, sont supprimées à dater du premier janvier 18..

ARTICLE 2.

Ces contributions et taxes sont remplacées par un impôt unique établi en raison de la valeur vénale des capitaux ostensibles immobiliers et mobiliers de toute nature, à l'exception des provisions ménagères et des marchandises.

Sont compris dans les capitaux imposables les offices (offices d'agents de change, de courtiers, de notaires, d'avoués, de greffiers, d'huissiers, etc.,) et toutes les fonctions, professions et états, même l'état de simple existence, dont la possession, distraction faite des moyens matériels de production énumérés dans le paragraphe précédent, sera évalué par comparaison avec la valeur vénale des offices.

Ne seront point pris en considération dans la fixation des évaluations objet du § 2 du présent article, les appointements payés aux fonctionnaires et employés publics par l'Etat, les départements et les communes. Ces évaluations seront, en outre, réduites au cinquième pour les simples artisans, les manœuvres, les journaliers et les indigents, et à la moitié pour les autres possesseurs.

Ne sont point imposables directement et ne doivent point être recherchées les valeurs consistant en monnaie, créances, billets, titres et papiers de toute espèce.

ARTICLE 3.

Les propriétés de l'Etat ne sont pas imposables.

Les bâtiments de toute nature nouvellement construits ou reconstruits ne seront imposés que la troisième année après leur construction ou reconstruction.

Le recensement et l'évaluation de toutes les valeurs imposables exigeront six mois. Il serait possible et peut-être sage de les faire exécuter avant de fixer le taux de l'impôt.

Cet inventaire général de la fortune publique, préalablement fait, serait un document très-précieux. Il édifierait le législateur et lui ôterait la crainte que, sans cela, il pourrait avoir, d'édicter des prescriptions susceptibles d'amener des résultats au-dessous des besoins ou les dépassant.

Je regarde cette réimposition comme indispensable. Elle remédie complétement aux inconvénients que l'on pouvait trouver à l'imposition des indigents ; elle amplifie l'importance et l'influence des conseils ; et, dans une certaine mesure, elle ajoutera à un impôt qui ne pouvait guère être qu'un impôt de quotité, les avantages et le correctif de l'impôt de répartition, surtout quand les conseils généraux et les conseils d'arrondissement useront de la faculté de répartir les réimpositions entre des communes autres que les communes y ayant donné lieu. Une commune à population très-pauvre sera par là dégrevé ou au moins très-allégée de la charge que lui avaient attirée ses indigents ; une commune où les répartiteurs auront exagéré les évaluations verra disparaître une partie au moins des effets de l'exagération par l'application des réimpositions. Pour le premier cas ce sera sur les communes à populations riches, pour le deuxième, sur les communes qui seront jugées avoir faibli dans les évaluations, qu'une bonne partie des réimpositions sera reportée. Ces exemples font voir comment la répartition peut devenir un correctif modéré et puissant tout à la fois de l'impôt de quotité.

Je ne conçois rien de plus simple et de plus pratique que l'opération confiée aux répartiteurs. Cinquante années d'expérience ne me laissent point de doute à cet égard. Ce serait quelque chose de chimérique de vouloir substituer aux répartiteurs communaux, comme je l'ai quelquefois entendu proposer, une de ces assemblées d'apparat qui n'ont jamais pu rien faire ; par exemple, une assemblée cantonale composée du conseiller général, du conseiller d'arrondissement, de membres du comice agricole, du juge de paix, etc.

L'assemblée des répartiteurs ne doit pas d'ailleurs être plus nombreuse que je propose de la faire, si l'on veut en obtenir un travail sérieux et utile.

ARTICLE 4.

Le taux général de l'impôt unique sera réglé, tous les ans, par le pouvoir législatif.

Il sera pour la première année, du centième des valeurs qui doivent lui servir de base, conformément à l'article 2.

ARTICLE 5.

Les conseils généraux et les conseils municipaux détermineront, chaque année, dans les limites et dans les formes prescrites par la loi, les fractions dont la quotité générale de l'impôt unique sera augmentée pour faire face aux dépenses départementales et communales.

ARTICLE 6.

Sera en outre ajouté à la quotité générale de l'impôt unique, à titre de réimposition, le montant des cotes irrecouvrables de l'année précédente, ainsi que le montant des remises, modérations et dégrèvements de toute nature prononcés à la suite des réclamations faites par les contribuables.

Cette réimposition sera faite dans les communes sur les rôles desquelles les dégrèvements auront été prononcés, à moins que les conseils généraux ne jugent équitable d'en faire, eu égard à la situation particulière des populations et sur l'avis des conseils d'arrondissements, une répartition spéciale entre les communes d'un même arrondissement.

ARTICLE 7.

Les évaluations devant servir de base à l'impôt unique seront, dans chaque commune, réglées par une assemblée de répartiteurs composée du maire, de l'adjoint ou des adjoints et de cinq citoyens nommés par le sous-préfet sur la présentation du conseil municipal. Ces citoyens, au nombre desquels entreront au moins deux simples artisans ou journaliers, devront être inscrits sur les listes électorales et ne pas être âgés de plus de 70 ans ; il pourra en être pris deux, au plus, parmi les propriétaires de la commune non domiciliés.

Il sera adjoint aux répartiteurs ainsi nommés un nombre égal de répartiteurs choisis par le sous-préfet parmi les répartiteurs nommés dans les communes voisines.

Le contrôleur des contributions sera l'âme de l'Assemblée. L'assimilation de cet agent à un commissaire du Gouvernement me paraît tout à fait juste ; elle le relèvera et lui permettra de mener plus facilement à bien tous les opérations.

Ces amendes et ces indemnités sont la sanction nécessaire de la loi. Je les ai souvent désirées dans ma longue pratique, et je suis persuadé qu'elles produiront les meilleurs résultats.

Je n'ai rien indiqué relativement au renouvellement annuel des répartiteurs. Il serait peut-être bon de tenir une liste permanente de candidats et d'avoir un tableau de roulement. Cela doit être, ce me semble, l'objet de dispositions réglementaires. Dans tous les cas il est nécessaire, pour le maintien des traditions, de conserver chaque année une partie des répartiteurs de l'année précédente.

Les catégories sont :

1° Propriétés foncières....	150	milliards.
2° Matériel de l'exploitation agricole....	45	id.
3° Matériel des exploitations industrielles et commerciales : métiers, machines, rayons, comptoirs, tables, etc....	12	id.
4° Mobilier d'habitation, objets d'art compris....	13	id.
5° Offices et professions assimilées....	15	id.
(Voir la notice § VIII).	235	id.

Ici vient se présenter l'objection banale : *l'arbitraire !* — qui paralyserait, anéantirait toute assiette de l'impôt si l'on s'obstinait à s'y arrêter. J'y réponds d'ailleurs en faisant observer que l'évaluation arbitraire n'est inquiétante que quand elle est inquisitoriale et qu'elle porte sur un objet vague et non précisé, comme dans des questions telles que celles-ci : Cet homme est-il riche ou est-il pauvre ? est-il bien riche ou bien pauvre ? Mais quand on demande aux répartiteurs d'évaluer tel objet désigné et ostensible de la fortune d'un citoyen, l'arbitraire n'est plus dangereux, c'est plutôt un arbitrage. Toutes les estimations cadastrales comportaient un arbitraire semblable, et cependant elles se sont exécutées partout sans grandes difficultés et sans plaintes bien graves de la part des imposés.

Assisteront à l'assemblée des répartiteurs, avec voix consultative, le percepteur et le contrôleur des contributions munis des renseignements propres à éclairer l'assemblée qu'ils auront pu se procurer.

L'assemblée des répartiteurs sera présidée par le maire ou un adjoint et à défaut par un membre du conseil municipal. Le contrôleur des contributions y sera considéré comme commissaire du Gouvernement. Il expliquera la loi et les instructions et, si dans les délibérations les voix se divisaient sans qu'il y eût de majorité, il aurait le droit de faire compter la sienne pour départager les répartiteurs.

L'assemblée des répartiteurs ne peut régulièrement délibérer qu'autant que six au moins de ses membres sont présents.

Les absences sont constatées par les membres présents, et tout répartiteur absent, qui n'aura point produit d'excuses admises par l'assemblée, sera inscrit, dans le rôle de l'impôt unique, à une amende de deux francs pour chacune des vacations auxquelles il aura manqué d'assister. Ces amendes seront perçues au profit de la commune. D'un autre côté la commune sera tenue d'accorder une indemnité de deux francs par vacation aux répartiteurs choisis parmi les simples artisans ou journaliers et à ceux qui auront été appelés, comme adjoints, des communes voisines.

ARTICLE 8.

Les répartiteurs fixeront, pour chaque contribuable et par catégorie de la matière imposable, les évaluations devant servir de base à l'assiette de l'impôt unique.

Ils opéreront, en leur âme et conscience, en se basant sur la valeur vénale des articles pour lesquels cette valeur pourra être constatée, soit dans la commune, soit dans les communes voisines, et en estimant par comparaison les autres articles.

Avant que les répartiteurs procèdent aux évaluations, le contrôleur aura dû, accompagné du maire ou de son délégué et d'un des répartiteurs, au moins, choisi par ses collègues, parcourir la commune de maison en maison, et consulter les contribuables afin de compléter, le plus parfaitement possible, les renseignements à mettre sous les yeux des répartiteurs, notamment en ce qui concerne les objets mobiliers imposables, les offices et les professions assimilées.

Si avant de procéder à la confection des rôles le directeur remarquait en comparant les communes, des disproportions sensibles entre les évaluations de capitaux semblables, il devrait provoquer une nouvelle réunion des répartiteurs et parviendrait ainsi, sans doute, à faire disparaître toute erreur de quelque importance.

Cette marche est simple et suffit parfaitement pour faire obtenir aux réclamants une prompte justice.

Article 9.

Le travail des répartiteurs sera déposé à la mairie et communiqué, sans déplacement, pendant un mois aux contribuables qui voudront en prendre connaissance. Les contribuables pourront déposer à la mairie les observations qu'ils jugeront convenables.

Le dépôt à la mairie aura dû être annoncé par affiches apposées et par publications faites, à plusieurs reprises et pendant une semaine, dans les différentes parties de la commune.

Le mois de communication expiré, les répartiteurs seront réunis de nouveau. Ils prendront connaissance des observations des contribuables et arrêteront définitivement leur travail qui sera transmis au directeur des contributions pour la confection des rôles.

Article 10.

Les rôles seront expédiés, arrêtés, transmis aux agents du recouvrement et publiés suivant les formes établies pour les contributions directes actuellement existantes.

Les contribuables ont trois mois, à dater de la publication des rôles, pour produire leurs réclamations, lesquelles seront instruites et jugées comme l'étaient les réclamations concernant les contributions directes.

Article 11.

L'impôt unique étant essentiellement personnel, est à la charge du propriétaire.

Lorsque la contribution a été mise, par un bail antérieur à la présente loi, à la charge du fermier, la somme à payer par celui-ci sera, si elle n'a pas été déterminée par le bail, calculée d'après la moyenne des rôles des années de bail écoulées au moment de la mise à exécution de la présente loi.

Lorsqu'un bail nouveau mettra la contribution à la charge du fermier, ce bail devra indiquer la somme que le fermier aura à payer par année, ou, au moins, les bases de cotisation en raison desquelles cette somme sera calculée.

Ces dispositions sont une conséquence absolument nécessaire de la création de l'impôt unique. Elles réalisent une idée qui n'a jamais pu, jusqu'à présent, recevoir d'exécution quoique cependant cette idée soit très-juste ; c'est celle de n'imposer l'actif que sous la déduction du passif. L'article ci-contre le fait d'une manière très-simple et sans que l'intervention du gouvernement soit nécessaire, puisque tout se règle directement entre débiteurs et créanciers qui se connaissent parfaitement. Si un possesseur imposé pour un capital ostensible de 100,000 francs, se trouve grevé d'une dette de 50,000 francs il est évident que la retenue qu'il est autorisé à faire sur cette dernière somme le met dans le même état que s'il n'avait été imposé que sur 50,000 francs, c'est-à-dire sur son actif déduction faite du passif. D'un autre côté la retenue est parfaitement juste, puisque le créancier n'est ni imposé ni imposable, pour l'argent qu'il a prêté. (Art. 2, § 4)..

On dira que certain débiteur aura peut-être disposé de l'argent emprunté par lui de telle manière que cet argent ne sera représenté par aucun capital ostensible imposable au moment de l'assiette de l'impôt, et que, ainsi, il profitera gratuitement de la retenue qu'il aura opérée. Le cas est possible, mais il doit être rare, et d'ailleurs, fût-il fréquent, il n'y aurait pas à s'en inquiéter beaucoup. Les dettes sont un obstacle majeur dans la vie des sociétés ; or, soulager un peu les débiteurs équivaut à une espèce de graissage qui ne peut que faciliter la marche du char social. (Voir la notice, § VII, pour la réponse à d'autres objections).

Les pertes seront, généralement, largement évaluées ; c'est le motif qui a fait réduire les indemnités aux quatre cinquièmes et aux trois cinquièmes des pertes. Il est bon d'ailleurs de laisser aux propriétaires un intérêt à la conservation des choses.

Les terrains qui n'ont été que corrodés, engrevés, ensablés,.. se réparent ordinairement en peu d'années et se trouvent même quelquefois améliorés.

Ceci répond aux objections mal fondées, selon moi, que l'on pourrait faire sur la violation du droit des compagnies : elles profiteront plus des dispositions du dernier paragraphe de l'article 13 qu'elles ne perdront par la diminution de leurs affaires. Le Gouvernement les a laissé faire ; mais il n'a pris aucun engagement avec elles, et il pourrait très-bien, sans doute, déclarer qu'il indemnisera désormais les propriétaires de tous les sinistres dont ils seront atteints, sans violer aucun droit et sans que les compagnies eussent à se plaindre.

L'article 13 est loin de créer pour elles une situation semblable à celle qui résulterait d'une mesure aussi généreuse.

ARTICLE 12.

Tout débiteur est admis, à dater de la mise à exécution de la présente loi, à retenir à son créancier, au moment où il s'acquitte ; un pour cent de la somme dont il est débiteur, s'il s'agit d'un capital ; et vingt pour cent, s'il s'agit du paiement d'un intérêt, d'un dividende, d'un traitement ou d'une pension, sauf les exceptions ci-après :

Il ne sera retenu sur les traitements et pensions dus par l'Etat, les départements et les communes que un demi pour cent sur les cinq cents premiers francs, un pour cent sur les mille francs suivants, deux pour cent sur les mille francs suivants, trois pour cent sur les deux mille francs suivants, et quatre pour cent sur le surplus.

ARTICLE 13.

Tout contribuable assujetti à l'impôt unique a le droit de réclamer du Gouvernement, les cas de sinistres de guerre exceptés, le paiement des quatre cinquièmes du montant de ses pertes immobilières et des trois cinquièmes de ses pertes mobilières résultant d'incendie, de grêle, d'inondation et d'épizootie dûment constatée. Les pertes résultant d'inondation ne donneront lieu à indemnité, pour les terrains, que dans le cas de destruction complète.

Les laboureurs de profession travaillant manuellement, les simples artisans, les manœuvres et les journaliers auront droit également, dans les cas d'accidents prévus par la loi du 11 juillet 1868, aux indemnités accordées pour une assurance de cinq francs.

Les indemnités dont il s'agit seront réglées par les répartiteurs opérant dans les formes prescrites par les articles 7 et 8. Les indemnités seront diminuées pour la première année de la mise à exécution de la présente loi, des sommes payées ou dues, pour les mêmes sinistres, par les compagnies d'assurance. Pour les années suivantes et pour les assurances contractées antérieurement à la présente loi, les indemnités du gouvernement profiteront, pour la moitié, aux compagnies d'assurance qui auront exactement rempli les conditions de leur police.

Le système de l'impôt unique permettra de simplifier considérablement le personnel administratif. Il en résultera une grande dimunition des dépenses malgré la demi-solde accordée aux employés réformés. Ce système est peut-être le seul qui puisse faire disparaître ce que l'on a appelé, non sans quelque apparence de raison, la lèpre du fonctionnarisme.

Une espèce de maire, largement payé, qui remplirait en même temps les fonctions actuelles du contrôleur des contributions, pour 10, 12, 15 ou 20 communes (villes exceptées); et un ou deux percepteurs par mairie, pourraient remplacer presque tout le personnel administratif actuel.

ARTICLE 14.

Il sera accordé aux fonctionnaires et employés devenus inutiles et supprimés par suite de l'application de la présente loi, jusqu'à ce qu'ils puissent être replacés, une indemnité annuelle égale à la moitié de leur traitement fixe au moment de la suppression.

ARTICLE 15.

Un règlement d'administration publique prescrira tous les détails nécessaires pour l'exécution de la présente loi.

FIN.

Sedan.—Imprimerie de Jules LAROCHE, Grande Rue, 22.